NUESTRO HUERTO

De la semilla a la cosecha en el huerto del colegio

GEORGE ANCONA

traducido por Esther Sarfatti

CANDLEWICK PRESS

To Miss Sue

First edition in Spanish 2016

Library of Congress Cataloging-in-Publication Data is available.

Library of Congress Catalog Card Number 2012942313

ISBN 978-0-7636-5392-7 (hardcover)
ISBN 978-0-7636-7691-9 (paperback)
ISBN 978-0-7636-8771-7 (Spanish paperback)

15 16 17 18 19 20 APS 10 9 8 7 6 5 4 3 2 1

Printed in Humen, Dongguan, China

This book was typeset in Diotoma.

Candlewick Press
99 Dover Street
Somerville, Massachusetts 02144

visit us at www.candlewick.com

INTRODUCCIÓN

Cuando supe que había escuelas que tenían huertos, sentí curiosidad. Así que fui a visitar algunas escuelas en Santa Fe, Nuevo México, donde vivo, pero cuando llegué a la Escuela Elemental Acequia Madre, no tuve necesidad de visitar otras escuelas. Bajo la supervisión de maestros, padres y voluntarios, los alumnos, desde el jardín de infancia hasta el sexto grado, trabajan parte del día en el huerto que hay detrás de la escuela. La escuela lleva el nombre de la acequia, de más de cuatrocientos años, que pasa frente al colegio.

La escuela es pequeña. Parece que entraras a una casa particular y no a una escuela. En el patio de recreo se escuchan los gritos de unos niños mientras que otros trabajan laboriosamente en el huerto. Pasé cerca de un año observando y fotografiando a los niños trabajar en el huerto con sus maestros, padres y amigos.

Suena la campana de la escuela…

…y en las aulas se escucha el ruido de libros que se cierran, sillas que se arrastran por el suelo y el alegre hablar de los niños. ¡Llegó la hora del recreo! Los alumnos se dirigen al huerto de la escuela.

La señora McCarthy (en la foto de arriba), la maestra de tercer grado, soñaba con tener un huerto en la escuela. Habló con el director, con otros maestros y con los padres de los alumnos, y juntos trabajaron para convertir su sueño en realidad. El huerto lo atiende la señorita Sue (a la derecha).

Will, el esposo de la señorita Sue, diseñó el huerto. Paul, Danielle, Autumn y Allie, estudiantes universitarios, se ofrecieron como voluntarios para guiar a los niños a llevar a cabo este proyecto.

Los alumnos entran al huerto a través de una pérgola. Es primavera y hay mucho trabajo que hacer. Dependiendo del tiempo que hace, algunas clases se dan al aire libre, ya sea en el huerto o en el invernadero.

Al comienzo de la primavera, la señorita Sue les pide a los alumnos que hagan un libro con fotos, que pueden recortar de catálogos de semillas, de las flores, frutas y verduras que ellos quieran cultivar. Más adelante, ella y los alumnos decidirán dónde plantarlas en el huerto.

Cada día, un alumno diferente se encarga de llevar un cubo con las sobras del almuerzo y de la merienda y vaciarlo en la pila de compost.

El compost se hace con tierra, plantas muertas y restos de comida. En la pila de compost las lombrices rojas comen los desechos y los convierten en humus, que los alumnos llaman "caca". El compost se mezcla con la tierra del huerto y sirve de alimento a las plantas que nacen, llamadas plántulas.

semillas de girasol

frijoles pintos

La primavera es época de siembra. Estas son algunas de las semillas que se plantarán en el huerto.

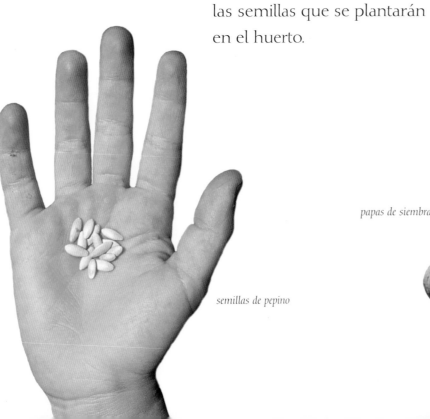

papas de siembra

semillas de pepino

Si la temperatura todavía es baja, algunas semillas se siembran en el invernadero. Los alumnos llenan pequeñas macetas de plástico con tierra fértil y plantan una semilla en cada una. Las macetas se dejan en el invernadero, donde reciben el calor del sol. Pronto comienzan a asomar pequeños brotes de la tierra. Una vez que las plantas han crecido y la temperatura es más cálida, se trasplantan al huerto.

Las flores, verduras y frutas se plantan en parcelas de tierra ricas en compost. En el centro del huerto se coloca una espaldera hecha de palos de bambú. Los alumnos siembran semillas de habichuelas en la base de cada palo. Estas plantas treparán por los palos y pronto brotarán sus vainas.

Mientras tanto, a la sombra fresca de la mañana, Paul reparte semillas de lechuga y de flores. Estas semillas se plantarán en pequeñas parcelas de tierra, protegidas por paredes bajas de adobe que sirven para retener el agua.

Otro grupo de alumnos siembra plántulas de calabaza. Danielle ayuda a un alumno a trasplantar una plántula de tomate. Una vez que las semillas y las plántulas se han sembrado, el huerto se riega y se cubre con una capa de paja para que la tierra no se seque.

Se necesita mucha agua para que un huerto crezca sano. Cuando llueve, el agua fluye por el tejado, baja por un tubo de desagüe y va a parar a un depósito subterráneo que se llama cisterna. Un panel solar, colocado en el tejado de un aula al aire libre, genera electricidad para hacer funcionar la bomba que extrae agua de la cisterna. Una de las tareas preferidas de los alumnos es regar el huerto. En la foto se ve a la señorita Sue, que llena de agua las coloridas regaderas para repartir a los estudiantes.

Las tomateras están rodeadas de tubos de plástico que están llenos de agua. Durante el día, el sol calienta el agua de los tubos. Por la noche, los tubos proveen el calor que las raíces de las tomateras necesitan para crecer. Cuando no hay agua de lluvia en la cisterna, se utiliza una manguera que se conecta a un grifo para mantener la tierra húmeda y las plantas saludables.

Incluso cuando los alumnos no están en la escuela, hay mucha actividad en el huerto. Un poste de madera, al cual se le han hecho unos pequeños agujeros, se convierte en una caja anidadera para las abejas albañiles, las cuales no pican. Los pájaros se acercan al huerto para alimentarse en los comederos para pájaros. Las lombrices comen y hacen túneles en la pila de compost.

Las flores producen un líquido dulce llamado néctar. Cuando los pájaros, las abejas o las mariposas se acercan a una flor para chupar su néctar, se les pega un polvo llamado polen. Cuando vuelan a otra flor, dejan el polen en ella. El polen permite a la flor producir las semillas que se convertirán en flores, frutas o verduras. Este proceso se llama polinización.

A principios de la primavera, una maestra encarga capullos de mariposa por correo. Cuando llegan, los alumnos colocan los capullos en una jaula de malla, para que crezcan dentro del aula. Una vez que las mariposas nacen, las llevarán al huerto para que puedan polinizar las plantas.

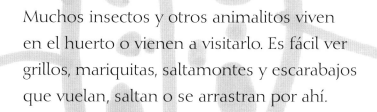

Muchos insectos y otros animalitos viven
en el huerto o vienen a visitarlo. Es fácil ver
grillos, mariquitas, saltamontes y escarabajos
que vuelan, saltan o se arrastran por ahí.

También se encuentran cochinillas, tuzas e incluso culebras de jardín entre las plantas del huerto o haciendo túneles en la tierra.

Garden Observations 5/6/10   1st Grade
BiBi wintr HeLo
spring.

The aplchene trae or
Blooming.

the Laty Baugs
and dutter flis a had
Beas or Bac.
the Sen is shining.

a tre is
aroweing

1'st.
grad

by:
Marina

Hay muchas cosas en el huerto sobre las que se pueden dibujar o escribir. Por eso, se ha colocado un caballete en medio del huerto para que todos los que quieran dibujar o escribir sus experiencias puedan hacerlo.

Algunos alumnos hacen estampados con hojas. El arte se utiliza para decorar el invernadero y el aula al aire libre.

Mientras las plantas crecen durante los cálidos días de primavera, todavía hay mucho trabajo por hacer en el huerto. Los alumnos mezclan arena, tierra, agua y trocitos de paja para fabricar ladrillos de adobe. Estos ladrillos se usarán para hacer las pequeñas paredes que rodean las parcelas de tierra. En el sudoeste de Estados Unidos, los ladrillos de adobe se utilizan para construir casas.

El adobe también se utiliza para revestir el horno
tradicional que está próximo al aula al aire libre;
cada primavera se le da una capa fresca de adobe.
Este horno se utiliza para hornear pan.

En el huerto de hierbas aromáticas hay una gran variedad de plantas, tales como albahaca, estragón, toronjil, cebollino, salvia, hierbaluisa y cebolla egipcia. Cada planta tiene su propio sabor y olor.

Los rábanos se cosechan en la primavera. La señorita Sue les pide a algunos alumnos que recolecten los rábanos. Después de lavarlos bien para quitarles la tierra, los niños prueban esta verdura de color rojo vivo. Una de las niñas encuentra el rábano demasiado picante y lo echa a la pila del compost. ¡Así las lombrices tendrán más comida!

Durante algunas tardes y los fines de semana, el huerto se convierte en un lugar de reunión para la comunidad. Los alumnos vienen con sus papás, hermanos, abuelos y amigos. Hacen compost, siembran semillas, trasplantan, quitan las malas hierbas, cavan y riegan la tierra. Ahora las flores ya han comenzado a brotar y todo está verde. Con tantos cuidados, el huerto prospera.

Durante el verano todavía hay trabajos que hacer en el huerto. La escuela está cerrada, pero el huerto es un enjambre de actividad. Los niños y mayores, familiares y amigos se reúnen a escuchar música. El huerto se llena de alegría.

Cuando llega el mes de agosto, muchas de las frutas y verduras ya están maduras. Cocinar y comer son ahora actividades habituales en el huerto.

Hoy es un día de visita y un papá ayuda a los niños a hacer *pizza*. Primero mezclan y trabajan la masa. Después, la extienden con el rodillo y le echan un poco de aceite. A continuación, cortan los tomates maduros y los ponen encima de la masa. Por último, se le añade el queso rallado.

Cuando el horno se ha calentado bien y el carbón se ha convertido en brasas, se mete la *pizza* al horno. Tan pronto la *pizza* está lista, aparece un grupo de hambrientos jardineros. Los trozos de *pizza* desaparecen como por arte de magia. ¡Por suerte, hay *pizza* para todos!

Se acabó el verano y comienza otro año
escolar. Las hojas de los árboles cambian
de color, y muchas de las frutas y verduras
del huerto ya están listas para cosechar.
Los alumnos se turnan para recolectar las
habichuelas de los tallos.

Una de las parcelas del huerto se sembró siguiendo el sistema que usan los nativo-americanos. Se llama el huerto de las tres hermanas. Se planta maíz junto con frijoles pintos y calabaza. Al crecer, las hojas de los frijoles trepan por las plantas del maíz. Las hojas del maíz y de las calabazas hacen sombra para que la tierra se mantenga húmeda. Los frijoles pintos se cosechan una vez que las vainas se secan y se vuelven de color marrón claro.

Cuando llega septiembre, la mayoría de los tomates ya están maduros. El número de tomates que puede recoger cada alumno es limitado para que haya suficientes para todos. Según avanza el otoño, el tiempo comienza a refrescar. Algunos tomates todavía están verdes. Allie les muestra a los alumnos cómo se maduran los tomates verdes metiéndolos en una bolsa de papel con un plátano.

La señorita Sue les enseña a algunos de los niños cómo se cosechan las papas. Con una pala o un desplantador, los alumnos cavan cuidadosamente cerca del tallo. Como las papas crecen hacia los lados, hay que tener mucho cuidado para no cortarlas. Luego, Allie ayuda a unos niños a identificar los diferentes tipos de papa que han cosechado.

Los repollos presentan un verdadero desafío a la hora de la cosecha. Sus largas y fuertes raíces ponen a prueba la fuerza y resistencia de algunos de los niños mayores.

Los pepinos limón, también conocidos como pepinos manzana, son desconocidos para la mayoría de los alumnos. A los niños les gustan porque se pueden comer como si fueran manzanas.

En el huerto de las tres hermanas, el maíz fresa está listo para ser recolectado. La mazorca se arranca de los tallos, se le quitan las hojas y se separan los granos para guardarlos en un frasco.

Más tarde, para el deleite de los
niños, los granos se calientan,
con un poco de aceite, hasta
que se convierten en deliciosas
palomitas de maíz.

La señorita Sue aprovecha la época de la cosecha para ver lo que los niños saben sobre los diferentes cultivos del huerto. Hace las preguntas en forma de juego: pone las respuestas en un papel que coloca bocabajo debajo de cada fruta, verdura o hierba.

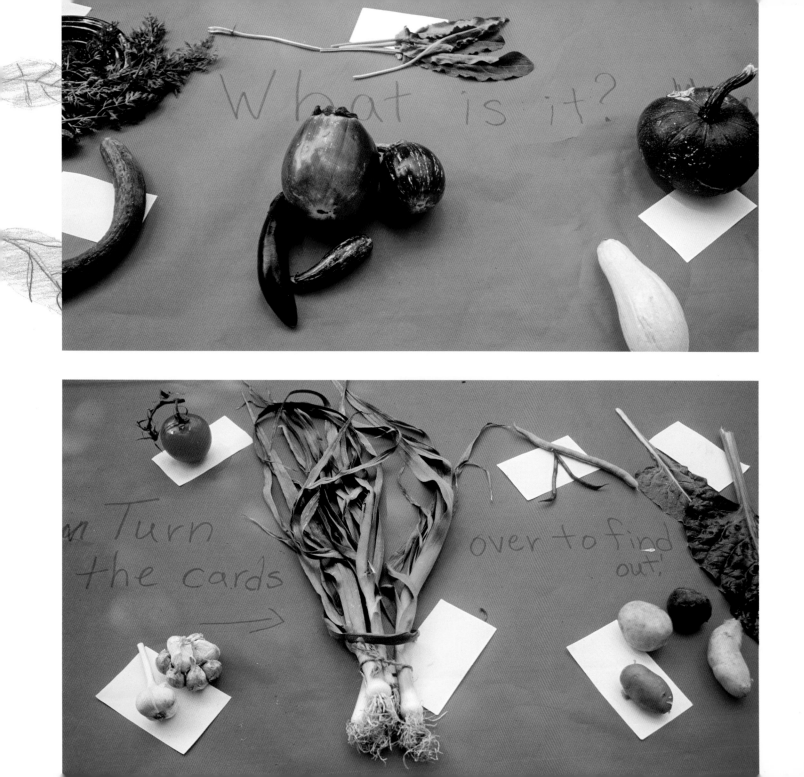

FLOWERS DONATED BY **SEEDS OF CHANGE** · SANTA FE · NEW MEXICO

Created by Barbara Florio

Para celebrar el fin de la cosecha, se preparan almuerzos con muchas de las verduras del huerto. Son fiestas que celebran la alegría y el buen comer.

El último día de visita de la comunidad reúne a alumnos y familias para dejar preparado el huerto para el invierno. El aire está despejado y frío. Las temperaturas bajas han hecho que las hojas sean ahora de color dorado. El viento ha esparcido las hojas por el suelo. Las plantas verdes del verano están marchitas y ahora son de color marrón. Se arrancan las plantas muertas de la tierra y se echan a la pila de compost.

El compost se filtra y se mezcla con la tierra. Las plantas de fresa y las parcelas se cubren con mantillo. Ahora todo está listo para ser cubierto por un manto de nieve.

¡Feliz sueño, huerto! ¡Hasta el año que viene!

A TODAS LAS PERSONAS MARAVILLOSAS QUE HICIERON POSIBLE ESTE LIBRO:

A Sue McDonald, quien gentilmente me invitó a ser parte de su huerto, y a su esposo y colaborador, Will. A Barbara McCarthy y a los padres que convirtieron su sueño en realidad. A los cuatro propulsores del huerto: Paul Navrot, Danielle Simmons, Autumn Kern y Allie Silber. Al director de la escuela, el señor Bill Beacham, mejor conocido como el señor B., y a los maestros, alumnos y padres de la Escuela Elemental Acequia Madre, cuya existencia celebra la historia de esta antigua ciudad y la diversidad de su gente.

EN LA ESTANTERÍA DE LA SEÑORITA SUE:

Aston, Diana Hutts. *A Seed Is Sleepy.* Ilustrado por Sylvia Long. San Francisco: Chronicle, 2007.

Bunting, Eve. *Sunflower House.* Ilustrado por Kathryn Hewitt. San Diego: Harcourt, 1996.

Cherry, Lynne. *How Groundhog's Garden Grew.* Nueva York: Blue Sky, 2003.

Ehlert, Lois. *Eating the Alphabet.* San Diego: Red Wagon/Harcourt, 1996.

———. *Growing Vegetable Soup.* San Diego: Red Wagon/Harcourt, 2004.

———. *Planting a Rainbow.* San Diego: Harcourt, 1988.

Elschner, Géraldine. *Max's Magic Seeds.* Ilustrado por Jean-Pierre Corderoch. Nueva York: Penguin, 2007.

Gibbons, Gail. *From Seed to Plant.* Nueva York: Holiday House, 1991.

Heller, Ruth. *The Reason for a Flower.* Nueva York: Grosset & Dunlop, 1983.

Rabe, Tish. *On Beyond Bugs.* Ilustrado por Aristides Ruiz. Nueva York: Random House, 1999.

Richards, Jean. *A Fruit Is a Suitcase for Seeds.* Ilustrado por Anca Hariton. Brookfield, CT: Millbrook, 2002.

SITIOS WEB SOBRE HUERTOS ESCOLARES:

Huerto escolar de Acequia Madre
http://acequiamadregarden.org

Center for Ecoliteracy
(Centro para la Ecoalfabetización)
http://ecoliteracy.org

CitySprouts
http://www.citysprouts.org

The Edible Schoolyard Project
(Proyecto del Patio de Recreo Comestible)
http://edibleschoolyard.org/berkeley/about-us

Life Lab
(Laboratorio de la Vida)
http://www.lifelab.org

REAL School Gardens
(Huertos Escolares Reales)
http://realschoolgardens.org

San Francisco Green Schoolyard Alliance
(Alianza para los Patios de Recreo Verdes de San Francisco)
http://sfgreenschools.org

¡Si usted y su familia disfrutaron de este libro de Candlewick, descubrirán que los siguientes libros son igualmente encantadores!

Tía Isa quiere un carro
Meg Medina
ilustrado por Claudio Muñoz
Premios y reconocimientos
de la edición en inglés:

**Winner of an Ezra Jack Keats
New Writer Award**

**An American Library Association
Notable Children's Book**

An Amelia Bloomer List Selection

**A Charlotte Zolotow Highly
Commended Title**

«Fiel a la mirada de un niño, esta
historia muestra lo difíciles que son
las separaciones familiares y la espera
hasta el reencuentro». —*Booklist*

ISBN Edición en tapa dura:
978-0-7636-6129-8
ISBN Edición en tapa blanda:
978-0-7636-5751-2

Alegría plena
Kate DiCamillo
ilustrado por Bagram Ibatoulline
Premios y reconocimientos
de la edición en inglés:

**A Bank Street College Best
Children's Book of the Year**

**A Cooperative Children's Book Center
Choices List Selection**

**A *Time* Magazine Top Ten
Children's Book of the Year**

«Kate DiCamillo, ganadora de
la medalla Newbery, teje una
historia llena de humanidad
y del espíritu navideño».
—*Publishers Weekly*

ISBN Edición en tapa blanda:
978-0-7636-5886-1

Arriba, abajo y alrededor
Katherine Ayres
ilustrado por Nadine Bernard Westcott
Premios y reconocimientos
de la edición en inglés:

**A Cooperative Children's Book Center
Choice List Selection**

«Una magnífica introducción
al mundo de las plantas,
la jardinería y la alimentación».
—*Kirkus Reviews*

ISBN Edición en tapa blanda:
978-0-7636-7056-6

¿Buscas lo mejor? ¡Busca a Osito!

Uno de los diez mejores libros para niños, seleccionados por *Booklist*, sobre cómo proteger el medio ambiente.

"Este relato, divertido e inspirador, acerca de lo que ocurre en un huerto escolar durante las diferentes estaciones del año, servirá para animar a otras escuelas a repetir esta maravillosa experiencia". — *School Library Journal*

"Con una narración de carácter documental y unas sugerentes fotos, este libro realza la alegría del compañerismo, el trabajo al aire libre y el cultivo de alimentos sanos". — *Publishers Weekly*

De 5 a 8 años

0316

CANDLEWICK PRESS
www.candlewick.com

U.S. $6.99 / $9.00 CAN
ISBN 978-0-7636-8771-7

50699 >
9 780763 687717
EAN